Stefan Münchow

Exchange Traded Funds (ETFs) - Darstellung

GRIN Verlag

Bibliografische Information der Deutschen Nationalbibliothek:

Die Deutsche Bibliothek verzeichnet diese Publikation in der Deutschen National-
bibliografie; detaillierte bibliografische Daten sind im Internet über http://dnb.d-
nb.de/ abrufbar.

Impressum:

Copyright © 2010 GRIN Verlag GmbH
Druck und Bindung: Books on Demand GmbH, Norderstedt Germany
ISBN: 978-3-656-08067-1

Dieses Buch bei GRIN:

http://www.grin.com/de/e-book/183690/exchange-traded-funds-etfs-darstellung

GRIN - Your knowledge has value

Der GRIN Verlag publiziert seit 1998 wissenschaftliche Arbeiten von Studenten, Hochschullehrern und anderen Akademikern als eBook und gedrucktes Buch. Die Verlagswebsite www.grin.com ist die ideale Plattform zur Veröffentlichung von Hausarbeiten, Abschlussarbeiten, wissenschaftlichen Aufsätzen, Dissertationen und Fachbüchern.

Besuchen Sie uns im Internet:

http://www.grin.com/

http://www.facebook.com/grincom

http://www.twitter.com/grin_com

Exchange Traded Funds (ETFs) - Darstellung

Thema aus dem Fach: Portfoliomanagement

Name: Stefan Münchow

Studiengang: Bankbetriebswirt

(Frankfurt School of Finance & Management)

Ort: Berlin

Abgabedatum: 25. Januar 2010

Inhaltsverzeichnis

Abbildungs- und Tabellenverzeichnis

Abkürzungs- und Symbolverzeichnis

AG	Aktiengesellschaft
bzw.	beziehungsweise
Dt.	Deutschland
ETC	Exchange Traded Commodities
ETF	Exchange Traded Funds
ETN	Exchange Traded Notes
€	Euro
f.	folgende [Seite]
ff.	folgende [Seiten]
d. h.	das heißt
Hrsg.	Herausgeber
i. d. R.	in der Regel
iNAV	indikativer Nettoinventarwert (Indicative Net Asset Values)
KAG	Kapitalanlagegesellschaft
Mrd.	Milliarden
Nr.	Nummer
OTC	Over-the-Counter-Markt
®	registered trademark
S.	Seite
sog.	so genannt
UBS	Union Bank of Switzerland
XTF	Segment der Deutschen Börse AG für börsengehandelte Fonds
u. a.	und andere
USA	United States of America
vgl.	vergleiche
z. T.	zum Teil

1. Einleitung

In den vergangenen Jahren hat wohl kaum ein anderes Anlageprodukt solche Zu-wachsraten wie die passiv gemanagten Indexfonds erreicht, obwohl es sich um ein sehr interessantes, aber in Deutschland auch insbesondere unter den Privatanlegern noch weitgehend unbekanntes Anlageprodukt handelt.[1] Dies war Anlass, sich im Rahmen dieser Arbeit einmal näher mit Exchange Traded Funds zu befassen.

Im Rahmen der Arbeit wurden in den verschiedenen Abschnitten Grundgedanken passiver Anlagestrategien, Produktmerkmale von Exchange Traded Funds, die Ent-wicklungsgeschichte dieses Anlageproduktes, der Handel und die Preisbildung sowie mögliche mit ETFs zu verfolgende Strategien betrachtet. Abschließend wird auf die zukünftige Entwicklung eingegangen.

Aufgrund der Restriktionen in Bezug auf den Umfang der Seminararbeit konnten Themen wie beispielsweise der Vergleich mit anderen Anlageprodukten, auch mit Exchange Traded Commodities (ETCs) und Exchange Traded Notes (ETNs), oder das der mit ETFs verfolgbaren Strategien nicht abschließend behandelt werden. Hier wurde eine Konzentration auf die aus Sicht des Verfassers wesentlichen Aspekte vorgenommen.

Darüber hinaus wurden Themen wie der Zulassungsprozess von ETFs zum Handel, eine differenzierte Betrachtung zwischen institutionellen und privaten Anlegern oder die steuerliche und bilanzierungstechnische Betrachtung nicht berücksichtigt. Bei der Thematisierung von Handel und Markt wurde insbesondere aufgrund der vorliegen-den Quellen intensiver auf den Markt in Deutschland und weniger den internationalen und europäischen Markt eingegangen.

---

[1] Vgl. Simonis, Daniel (2007): Exchange Traded Funds - Status quo und Zukunftsperspektiven in Deutschland, S. 8.

2. Exchange Traded Funds als aufstrebendes Anlageprodukt

2.1 Grundgedanken passiver Anlagestrategien

Ziel von Investoren ist es, bei ihren Anlageentscheidungen einen möglichst hohen Ertrag bei möglichst geringem Risiko zu erzielen. Dies ist Ausgangspunkt und Kern der Portfolio-Theorie, die die Frage beantwortet, wie man bei einer Vielzahl zur Verfügung stehender Anlagemöglichkeiten eine vernünftige, rationale Auswahl- und Anlageentscheidung trifft. Ein Investor wird dabei die Anlage wählen, die sein Vermögen maximiert. Unter zwei Anlagealternativen wird er diejenige auswählen, die bei gleichbleibendem Risiko den höheren Ertrag liefert bzw. bei gleichem Ertrag ein geringeres Risiko hat. Damit erreicht er eine Optimierung von Risiko und Ertrag in seinem Portfolio.[2]

Die Portfolio-Theorie beschreibt eine Theorie des Investierens in risikobehaftete Kapitalanlagen. Das Hauptanwendungsgebiet liegt dabei im Bereich der Aktienanlage. Das Ziel der Ermittlung eines Risikomaßes zur Messung der in einem Portfolio auftretenden Diversifikationseffekte (Auswirkung der Streuung auf verschiedene Märkte, Regionen oder Anlageformen) wurde mit der Theorie der „Portfolio Selection" von Harry Markowitz erreicht.[3]

Kern der Moderne Portfoliotheorie ist die Aussage, dass gekonnt gehandhabte Investments in Asset-Klassen auf lange Sicht exakt die Rendite einbringen, die ihrem Risikograd entspricht. Entscheidend ist, wie das Portfolio auf die verschiedensten Asset-Klassen verteilt wird.[4]

Im Rahmen der Asset-Allocation, das heißt der Aufteilung (Allocation) des für Anlagezwecke zur Verfügung stehenden knappen Geldvermögens auf zur Verfügung stehende Anlagemöglichkeiten (Assets), unterscheidet man dabei zwischen aktiven und passiven Vorgehensweisen. Anlagemöglichkeiten stellen dabei beispielsweise Aktien, Renten, Geldmarktanlagen, Immobilien und Rohstoffe in verschiedenen Ländern und Währungen dar.[5]

Bei einem passiven Vorgehen orientiert sich ein Portfolio-Manager zumeist daran, sich während des gesamten Anlagezeitraums möglichst exakt an den Vorgaben einer Benchmark, d. h. der Wertentwicklung eines ganzen Marktes, zu orientieren. Hierbei finden Meinungen und aktuelle Markteinschätzungen keine Berücksichtigung. Aktive Strategien zeichnen sich hingegen dadurch aus, dass Meinungen und Erwartungshaltungen des Portfolio-Managers in den Vordergrund rücken. Es erfolgt eine Orientierung an kurzfristigen und taktischen Einschätzungen aktueller Marktgegebenheiten.

---

[2] Vgl. Garz, Hendrik u. a. (2006): Portfolio-Management, S. 23; Etterer, Alexander/Wambach, Martin (2009): ETF-Handbuch, S. 79.
[3] Vgl. Garz, Hendrik u. a. (2006): Portfolio-Management, S. 24; Etterer, Alexander/Wambach, Martin (2009): ETF-Handbuch, S. 8 f.
[4] Vgl. Etterer, Alexander/Wambach, Martin (2009): ETF-Handbuch, S. 9.
[5] Vgl. hierzu und im Folgenden Garz, Hendrik u. a. (2006): Portfolio-Management, S. 15 f.

Der Versuch den Markt zu schlagen, ist für Anleger unter Berücksichtigung von Risiken und Transaktionskosten auf Dauer fast unmöglich. Bedingt durch die hohe Effizienz an den Wertpapiermärkten erhöht sich durch ein aktives Portfoliomanagement das Risiko Renditen zu erzielen, die unter dem Markt liegen. Dies ist auch darin begründet, dass sich Anleger von Meldungen, Meinungen, eigenen Überlegungen und Kursentwicklungen leiten lassen und so die Zusammensetzung des Depots bestimmt wird. Langfristige Renditevergleiche haben gezeigt, dass es nur sehr wenigen Vermögensverwaltern gelingt, über einen längeren Zeitraum ohne zusätzliche Risiken eine höhere Rendite als der zugrunde liegende Index zu erreichen.[6]

Die Theorie der effizienten Märkte als wesentlicher Punkt der Modernen Portfoliotheorie von Markowitz belegt wissenschaftlich, dass in effizienten Kapitalmärkten Strategien der aktiven Wertpapierauswahl wenige Chancen haben, erfolgreicher als der Markt zu sein. Darüber hinaus werden Informationsvorsprünge schnell eingeholt und erfolgreiche Methoden zügig kopiert. Die passive Anlagestrategie, der auch Exchange Traded Funds zuzurechnen sind, beruht auf der Annahme, dass Kapitalmärkte aufgrund der weltweiten Vernetzung mit sekundenschneller Informationsverbreitung weitgehend effizient sind.

Weiterhin geht die Theorie der effizienten Märkte davon aus, dass alle Marktteilnehmer zu jedem Zeitpunkt alle preisrelevanten Informationen besitzen und diese Informationen permanent in den Preisen enthalten sind. Aufgrund von Wissensvorsprüngen haben Marktteilnehmer so keine Möglichkeit mehr, über den Gesamtmarkt hinaus Überschussrenditen zu erzielen.

Dass die Entwicklung der Preise an den Finanzmärkten Zufällen unterliegt und diese deshalb nicht langfristig vorhersagbar sind, wird von der Theorie ebenfalls aufgezeigt. In der Finanztheorie wird deshalb von der Random Walk-Hypothese gesprochen. Markteffizienz ist die konsequente und effiziente Informationsverarbeitung. In einem äußerst wettbewerbsintensiven Umfeld mit effizienter und professioneller Informationsverarbeitung entstehen Preisentwicklungen nach der Random Walk-Hypothese. Mit systematischer Forschungstätigkeit lassen sich auf ausgewählten Märkten Überschussrenditen erzielen.

Studien haben gezeigt, dass aktiv verwaltete Fonds ihre Benchmark zwar schlagen können, es aber über einen Zeitraum von zehn und mehr Jahren rund 90 Prozent der aktiven Investmentfondsmanager nicht geschafft haben, ihren zugrunde liegenden Vergleichsindex zu übertreffen.

Bei einer Indexanlage besteht die Gefahr einer Underperformance nicht. Der Anleger erzielt abzüglich der Managementgebühr genau die jeweilige Indexrendite.

Der erste Fonds, der einen Index nachbildete, wurde 1971 mit dem Samsonite Pension Fund für institutionelle Investoren aufgelegt. Bei Indexfonds der ersten Generation erfolgte ein Handel jedoch nur zum einmal täglich festgestellten Nettoinventarwert und sie hatten zumeist durch einen Ausgabeaufschlag eine ungünstige Kostenstruktur.

---

[6] Vgl. hierzu und im Folgenden Etterer, Alexander/Wambach, Martin (2009): ETF-Handbuch, S. 7 ff.

Die erforderliche Flexibilität brachte für den Kapitalanleger eine der erfolgreichsten Finanzinnovationen, der börsengehandelte Indexfonds – Exchange Traded Funds (ETF). Exchange Traded Funds sind eine der modernsten, bequemsten, effektivsten und kostengünstigsten Varianten, in ganze Märkte bzw. Indizes zu investieren.

2.2 Produktmerkmale und verschiedene ETF-Formen

Die Deutsche Börse AG beschreibt ETFs in ihrem Börsenlexikon wie folgt:

„Fondsanteile, die Anleger über die Börse wie Aktien kaufen oder verkaufen können.

Synonyme: Indexfonds, Index-Tracker, Indexaktien, passiv verwaltete Fonds. ETFs müssen zwei Kriterien erfüllen:

- Transparentes Portfolio. Die Zusammensetzung des Portfolios von ETFs wird täglich veröffentlicht. Damit erhalten Anleger fortlaufend einen Überblick über die Gewichtung der einzelnen Aktien im Portfolio auf Basis der Schlusskurse vom Vortag.

- Creation/Redemption. ETFs besitzen einen sog. Creation- und Redemption-Mechanismus, der es professionellen Marktteilnehmern erlaubt, jederzeit Aktienkörbe mit der gleichen Zusammensetzung gegen ETFs (und umgekehrt) mit der Fondsgesellschaft zu tauschen.

Der Name ETF stammt – wie die ersten Fonds dieses Typs – aus dem Angelsächsischen und wird im europäischen Ausland nur für Indexfonds verwendet, auch wenn eine direkte Übersetzung von „exchange-traded funds" ins Deutsche allgemein auf börsengehandelte Fonds schließen ließe.

Exchange-traded Funds werden bei der Deutschen Börse AG im Segment XTF® gelistet und können fortlaufend auf Xetra® oder über den Präsenzhandel erworben werden. Ein Ausgabeaufschlag fällt für den Käufer nicht an."[7]

Rechtlich gesehen stellen ETFs vom Vermögen der ETF-Verwaltungsgesellschaft getrennte Sondervermögen dar. Dies unterscheidet sie von beispielsweise Index-Zertifikaten, ETCs (Exchange Traded Commodities) oder ETNs (Exchange Traded Notes), die meist in Form von Schuldverschreibungen am Markt emittiert werden. Für ETFs entfällt somit für den Anleger das Emittentenrisiko und damit das Risiko des Totalverlustes.

Vorteile von Exchange Traded Funds sind darüber hinaus:

- Geringe Kosten
- Hohe Flexibilität
- Hohe Liquidität
- Hohe Transparenz
- Indizes in einem Produkt handelbar
- Fortlaufender Börsenhandel
- Hohe Risikostreuung

[7] Deutsche Börse AG (2007): Börse von A bis Z, S. 66.

Einen Vergleich mit anderen Anlageprodukten soll nachfolgende Übersicht veranschaulichen.

Tabelle 1: **Vergleich von ETFs mit anderen Anlageprodukten**

Risikoprofil	ETFs	Index-zertifikat	Direktanlage in Aktien	Direkt-anlage in Anleihen	Klassischer Investment-fonds	Futures
Risiko-diversifika-tion	hoch*	hoch*	nein	nein	ja	ja
Tracking Error	gering	gering	hoch	hoch	ja, im Idealfall Überrendite	gering bis mittel, je nach Index
Dividenden-beteiligung	ja	i. d. R. nein, abhängig vom Index	ja	i. d. R. jährliche Verzinsung	ja	eingepreist
Kosten beim Kauf/Verkauf	Order-gebühren	Order-gebühren	Order- und Handels-platzgebühr	Order- und Handels-platz-gebühr	Ausgabe-aufschlag	„Initial Margin"
Manage-mentgebühr	ja	ja/nein	nein	nein	ja	nein
Preis-feststellung	fortlaufend	fortlaufend	fortlaufend	fortlaufend	börsentäglich	fortlaufend
Liquidität	sehr hoch	sehr hoch	abhängig von der Aktie	anhängig von der Anleihe	täglich bei Rückgabe	hoch
Emittenten-risiko	nein, da Sondervermögen, z. T. bei Swap basierten ETFs	ja, da Schuldverschreibung	ja	ja	nein, da Sondervermögen, z. T. bei Swap basierten ETFs	Erfüllungs-risiko gegenüber Handelsplatz
Wieder-anlagerisiko	nein	bei Produkten mit Laufzeitbegrenzung	nein	ja	nein	ja
Handels-plattform	Börsen-handel/ OTC/ gegen KAG	Börsen-handel/OTC	Börsen-handel/OTC	Börsen-handel/ OTC	Aus- und Rückgabe über KAG	Börsen-handel

* unter der Annahme einer ausreichenden Diversifizierung eines Indexes

Quelle: Dieckmann, Raimar (2008): Exchange Traded Funds, S. 7

Exchange Traded Funds sind als Referenz mit einem Performance- oder Kursindex erhältlich. Die beiden Varianten unterscheiden sich im Wesentlichen in der Handhabung der Zins- und Dividendenausschüttungen. Während bei kursindex-basierten ETFs die Kursentwicklung gemessen und diese um Erträge aus Bezugsrechten und Sonderzahlungen bereinigt wird, werden bei performanceindex-basierten ETFs sämtliche Erträge aus Dividenden-, Bonus- oder Zinszahlungen reinvestiert. Bildet der

ETF einen Kursindex ab, werden die dem ETF zufließenden Erträge dem Investor regelmäßig ausbezahlt.[8]

Abweichungen im Grad der Indexabbildung sind bei beiden Varianten durch die unterschiedliche Behandlung von Zinsen und Dividenden möglich. Ebenso können durch Wertpapierleihegeschäfte Zusatzerträge erzielt werden. Bei der Abbildung von Performanceindizes wird darüber hinaus täglich die Verwaltungsgebühr dem Fondsvermögen entnommen.

Bei Swap ETFs erfolgt die exakte Nachbildung der Wertentwicklung von Performanceindizes indirekt über mehrere Swap-Vereinbarungen. Dadurch sind indexfremde Kosten wie Handelsspesen oder Handelssteuern vermeidbar. So werden zunächst durch die Gesellschaft für das Sondervermögen Wertpapiere erworben, die jedoch keine indexbezogenen Erträge zum Sondervermögen beisteuern. In einer Swap-Vereinbarung wird dann die Wertentwicklung der im Sondervermögen befindlichen Wertpapiere gegen die Wertentwicklung des zugrunde liegenden Performanceindex getauscht. Darüber nimmt der Anteilsinhaber wieder an der Wertentwicklung des Performanceindex teil. Durch die Vermeidung indexfremder Kosten ist so eine noch genauere Nachbildung des zugrunde liegenden Index möglich. Ein ETF darf nach den gesetzlichen Vorgaben bis zu zehn Prozent des Vermögens aus Swaps bestehen. Für die Emittenten kommt hier erschwerend die Absicherung des Kontrahentenrisikos für einen möglichen Ausfall des Swap-Partners hinzu.

Active ETFs verfolgen eine aktive Anlagestrategie. Sie versuchen beispielsweise die Entwicklung eines Referenzindex zu übertreffen oder diese durch strukturierte Komponenten zur Erzielung einer Hebelwirkung, Kapitalgarantie oder dem Basisindex gegenläufige Wertentwicklungen zu unterlegen.

2.3 Entwicklungsgeschichte

Bis heute ist die Aussage „die Chance, besser zu sein als der Markt, liegt genau bei 50 Prozent" unangefochten. Mit dieser weitreichenden Aussage des französischen Mathematikers Louis Bachelier im Jahr 1900 begann bereits die Geschichte der passiven Anlagestrategie.[9]

Der erste Indexfonds, der „Samsonite Pension Fund", bildete damals im Jahr 1971 die 1.500 an der New Yorker Stock Exchange gelisteten Einzelwerte ab. Im Jahre 1975 wurde von der Investmentgesellschaft Vanguard mit dem „Vanguard 500" der erste indexbasierte Publikumsfonds für Privatanleger aufgelegt. Der Zulassungsprozess für ETFs wurde im Jahr 1990 in Gang gesetzt. Die ersten Fonds an der Börse wurden im Jahre 1993 an der American Stock Exchange in New York gelistet. Von den vielen positiven Produkteigenschaften waren vor allem institutionelle Investoren überzeugt. Diese Investorengruppe hatte im Jahre 2008 in den USA etwa 40 Prozent ihres Anlagevolumens in börsengehandelten Indexfonds investiert. Weltweit waren

---

[8] Vgl. hierzu und im Folgenden Deutsche Börse AG (2008): Xetra: Die führende Handelsplattform für ETFs in Europa, S. 9; Deutsche Börse Group (2009): Inflation? Die beste Gegen-Strategie, S. 7.
[9] Vgl. Etterer, Alexander/Wambach, Martin (2009): ETF-Handbuch, S. 18.

im November 2008 1.502 ETFs mit einem Vermögen von etwa 449,5 Milliarden Euro gelistet.[10]

In Deutschland kam 1988 der „CB German Index Fund" durch die gleichnamige Commerzbank-Tochter CB German Indes Fund Company als erster Indexfonds für institutionelle Investoren in den Handel.[11]

In Deutschland, Großbritannien, Israel, der Schweiz und Schweden startete der ETF-Handel im April 2000.

Erste Gold- und Immobilien-ETFs sowie ETFs für Schwellenländer wurden im Jahr 2004 initiiert. Es folgte die Eroberung neuer Märkte wie Osteuropa oder Südafrika im Jahr 2005. Im gleichen Jahr wurden auch Strategiefonds in den Handel gebracht.

Mit dem Zusammenschluss von Indexchange und iShares zum führenden ETF-Anbieter in Europa im Jahr 2007 konsolidierte der ETF-Markt. Heute ist Barclays Global Investors (iShares) der weltweit größte ETF-Emittent.

Im Jahre 2008 wurde dann der erste aktive ETF emittiert.

Die rasante Entwicklung des ETF-Marktes in den vergangenen Jahren kann auch der nachfolgenden Grafik entnommen werden. Die renommierte Steinbeis Hochschule in Berlin hat diese im März 2008 im Rahmen einer Studie veröffentlicht.

Abbildung 1:   ETF-Wachstum Deutschland, Europa und weltweit

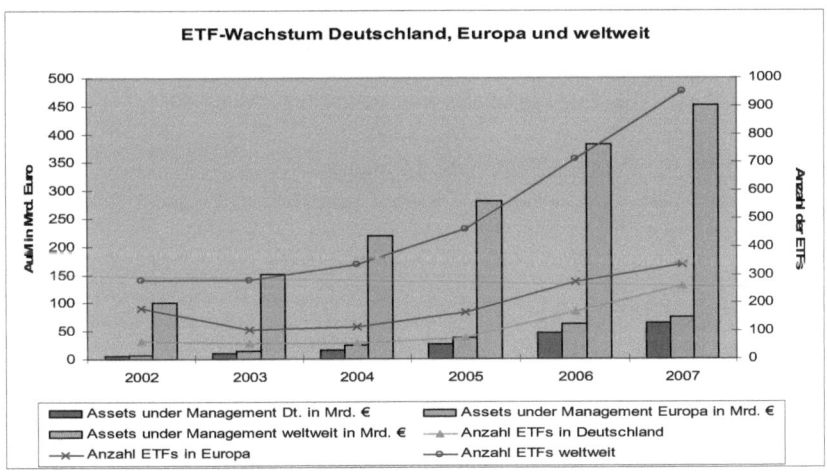

Quelle: Steinbeis Hochschule Berlin, Research Center for Financial Services, März 2008
Für den Vergleich zwischen den in Euro notierenden ETFs in Deutschland und Europa mit den in US-Dollar notierenden weltweiten ETFs wurde der Euro-/US-Dollar-Wechselkurs von 1,41 zugrunde gelegt.

Die Deutsche Börse AG als Betreiber von Xetra, nach eigener Darstellung die führende Handelsplattform für ETFs in Europa, teilte in einer Pressemitteilung am 15.

---

[10] Vgl. Etterer, Alexander/Wambach, Martin (2009): ETF-Handbuch, S. 19 ff.; Commerzbank AG (2009): ComStage ETFs, S. 6.
[11] Vgl. hierzu und im Folgenden Etterer, Alexander/Wambach, Martin (2009): ETF-Handbuch, S. 19 ff.

Dezember 2009 mit, dass das Produktangebot auf Xetra derzeit insgesamt 547 börsengehandelte Indexfonds umfasst.

Abbildung 2: **Auf Xetra handelbare ETFs und angelegtes Vermögen nach Anbietern**

Quelle: Deutsche Börse AG, Stand 15.12.2009   Quelle: Deutsche Börse AG, September 2009

2.4 Handel und Preisbildung in Deutschland

Am Handel am XTF Exchange Traded Funds®-Segment der Deutschen Börse nehmen derzeit 13 Emittenten teil. Umsätze in Exchange Traded Funds laufen in Deutschland zu rund 98 Prozent über Xetra. Ein Handel ist fortlaufend während der gesamten Börsenöffnungszeiten mit einer Mindestordergröße von einem Stück möglich.

Als ein wesentliches Merkmal von ETFs wurde oben bereits der Creation/Redemption-Prozess herausgestellt. Dieser hat bedeutenden Einfluss auf die Preisbildung von ETFs. Er gestaltet sich wie nachfolgend dargestellt:

Abbildung 3: **Creation/Redemption-Prozess**

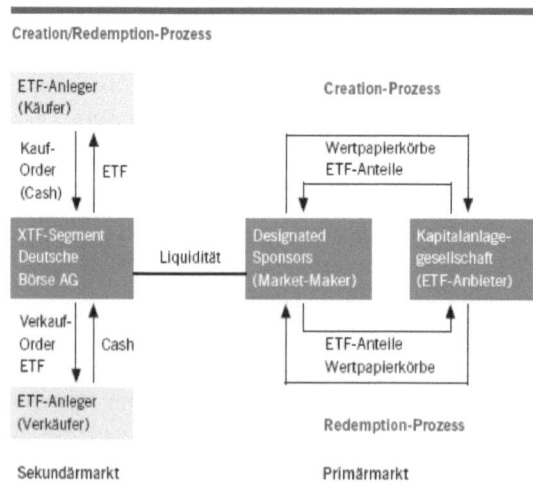

Quelle: Etterer/Wambach, Rödel & Partner, 2009

Der Prozess wirkt sich positiv auf die Liquidität und auf die Performance eines ETFs aus. Im Verlauf des Prozesses werden vom Designated Sponsor und dem ETF-Anbieter Wertpapierkörbe gegen ETF-Anteile und umgekehrt ausgetauscht. Ohne dass für den ETF-Anbieter Transaktionskosten entstehen, kann der Designated Sponsor Aktienkörbe am Markt kaufen oder verkaufen. Von dem Prozess profitieren alle Teilnehmer: Durch den Emittenten kann der Index effizient abgebildet werden, dem Designated Sponsor bieten sich zusätzliche Handelschancen und der Investor erhält zu jeder Zeit einen fairen Preis mit niedrigen Handelsgebühren. Von der Fondsgesellschaft und der Börse werden für jeden einzelnen ETF der maximale Spread zwischen Geld- und Briefkurs sowie das Mindestquotierungsvolumen vorgegeben. Die volatilitätsabhängige Spanne liegt dabei bei leicht replizierbaren ETFs in der Regel unter 0,1 Prozent und kann bis zu 5 Prozent bei „exotischeren" ETFs reichen.[12]

Exchange Traded Funds bieten den Vorteil einer hohen Transparenz, die so nur mit Indexprodukten zu erreichen ist. Alle notwendigen Informationen wie Kurse, Handelsvolumina, Geld- und Briefkurse, aktuelle Zusammensetzungen und Performance sind bei den Emittenten oder auf www.boerse-frankfurt.de jederzeit abrufbar.[13]

Die ETF-Emittenten veröffentlichen aufgrund des Transparenzgebotes täglich die Zusammensetzung der jeweiligen ETF-Portfolios, was die Preisbildung leicht nachvollziehbar macht. In der Regel entsprechen die Kurse der ETFs einem Zehntel oder einem Hundertstel des zugrunde liegenden Index.

Zusätzliche Transparenz wird in Echtzeit mit den indikativen Nettoinventarwerten erreicht. Während der Handelszeit werden diese iNAVs (Indicative Net Asset Values) mindestens einmal pro Minute errechnet. Zugrunde liegen die aktuellen Kurse der Einzelpositionen, die im Portfolio enthalten sind. Darüber hinaus werden die täglich veröffentlichte Zusammensetzung des Fondsportfolios und die Barmittel des Fonds in die Berechnung einbezogen. Die iNAVs geben den aktuellen Wert des Fondsvermögens an, indem das zuvor ermittelte Fondsvermögen durch die Anzahl der Fondsanteile dividiert wird.[14]

Durch einen Vergleich der mit den indikativen Nettoinventarwerten (iNAV) tatsächlichen Werte des Fonds und den an der Börse gehandelten Kursen ist eine Prüfung auf faire Börsenpreise möglich.[15]

2.5 Strategien mit ETFs

Mit Exchange Traded Funds lassen sich verschiedenste Anlagestrategien verfolgen. Ein paar davon sollen hier dargestellt werden.

Core-Satellite-Strategie: Für die Verfolgung dieser Strategie eignen sich ETFs, da hierbei der Hauptteil des zu investierenden Kapitals (Kern- bzw. Core-Investment)

[12] Vgl. Deutsche Börse AG (2008): Xetra: Die führende Handelsplattform für ETFs in Europa, S. 5; Deutsche Börse Group (2009): Inflation? Die beste Gegen-Strategie, S. 50.
[13] Vgl. hierzu und im Folgenden Etterer, Alexander/Wambach, Martin (2009): ETF-Handbuch, S. 27.
[14] Vgl. Etterer, Alexander/Wambach, Martin (2009): ETF-Handbuch, S. 28; Deutsche Börse AG (2008): Xetra: Die führende Handelsplattform für ETFs in Europa, S. 6.
[15] Vgl. Etterer, Alexander/Wambach, Martin (2009): ETF-Handbuch, S. 29.

auf breit diversifizierte Anlageinstrumente verteilt wird. Der kleinere Teil des Kapitals, das Satellite-Investment, wird aktiv gemanagt. Mit ihm werden mit dem Ziel, überdurchschnittliche Renditen zu erzielen, risikoreichere Anlagen getätigt. Die Gewichtung des Core- und des Satellite-Anteils ist dabei abhängig von der Risikoneigung des Investors.[16]

Investments in fremde Märkte: Zu einer guten Diversifizierung des Portfolios gehören Investments in Länder, Regionen oder Branchen, die dem Investor weniger bekannt sind. Für Anleger, denen kostspielige Research-Möglichkeiten nicht zur Verfügung stehen, bieten sich hier entsprechende ETFs für diese Märkte an, da sie gegenüber nicht hinreichend bekannten Einzelwerten in unbekannten Märkten eine bessere Portfoliodiversifikation aufweisen.

Trading-Strategie: Durch die laufende Preisfeststellung von ETFs besteht die Möglichkeit, flexibel und zeitnah auf Marktschwankungen in fallende (short) oder steigende (long) Kurse eines Marktes zu investieren.

Hedging von Aktienpositionen: Mit ETFs ist ein Hedging von Aktienpositionen möglich, wenn sie auf einem Short-Index basieren. Der Short-Index stellt dabei die inverse Kursentwicklung eines Long-Index dar. Fällt der zugrunde liegende Index, steigt in etwa gleichem Maße der Short-Index. Der Vorteil liegt im geringen administrativen Aufwand der Short-Position.

Alternative zu Derivaten: ETFs sind keine Derivate, dennoch können sie Charaktere dieser Finanzinstrumente besitzen. Der Vorteil der ETFs liegt dann im geringen administrativen Aufwand sowie der Kosteneffizienz. Darüber hinaus erfordern sie weder Margin- noch Sicherheitsleistungen und es gibt keine Roll-over-Effekte wie bei der Verlängerung von Termingeschäften. ETFs sind dann für den Investor attraktiv, wenn durch Anlagerestriktionen die Aufnahme von Futures in ein Portfolio untersagt ist oder für bestimmte Märkte keine Futures verfügbar sind.

2.6 Zukünftige Entwicklung

Die Deutsche Bank geht in ihrer Studie davon aus, dass langfristig das verwaltete Vermögen weiter wachsen wird. Dies wäre mit neuen Nachfragern wie Staatsfonds, Pensionskassen oder auch Privatkunden im Rahmen der Altersvorsorge auch im Bereich der ETFs verbunden. Sie nimmt mittelfristig weiterhin an, dass auf der Anbieterseite eine Spezialisierung eintritt, bei der die ETFs als „Passive Produkte" ihre hohe Wachstumsdynamik fortsetzen.[17] Dies ist sicherlich auch darin begründet, dass es künftig noch schwieriger werden dürfte, langfristig besser zu sein als die Benchmark.

In der Studie der Steinbeis Hochschule Berlin geht man davon aus, dass sich das ETF-Volumen von 63 Mrd. Euro zu Beginn 2008 auf 229 Mrd. Euro im Jahr 2012 mehr als verdreifachen wird.

---

[16] Vgl. hierzu und im Folgenden Dieckmann, Raimar (2008): Exchange Traded Funds, S. 10 f.;
     Etterer, Alexander/Wambach, Martin (2009): ETF-Handbuch, S. 67 ff.
[17] Vgl. Dieckmann, Raimar (2008): Exchange Traded Funds, S. 8.

Die Steigerung des ETF-Volumens geht einher mit der nahezu wöchentlich steigenden Anzahl an handelbaren ETFs. Dies macht den Markt insgesamt unübersichtlicher. Gewöhnliche Investmentfonds werden bereits seit längerem durch Ratingagen-
turen wie beispielsweise Standard & Poor´s, Morningstar oder Feri bewertet. Im Jahr
2005 wurden durch die Ratingagentur Feri EuroRating Services erstmals Ratings für
ETFs vergeben. Unter den innovativen Neuemissionen sind zum Teil relativ komplex
strukturierte Produkte. Eine künftig intensivere Qualitätsbewertung auch von ETFs
erscheint daher sinnvoll.[18]

Die zunehmende Konkurrenz auf dem ETF-Markt hat auch Auswirkungen auf die
Preisentwicklung der Produkte. So senkte mit der Fondsgesellschaft db x-trackers
Ende Juli 2009 erstmals eine Gesellschaft die Verwaltungsgebühr (Management-
Fee) für zwei ihrer Fonds auf einem besonders hart umkämpften Segment von zuvor
0,15 Prozent pro Jahr auf null Prozent.[19] Es wird abzuwarten bleiben, ob sich dies als
möglicher Trend fortsetzen wird.

---

[18] Vgl. Feri EuroRating Services (2009): Top-Ratings für ETFs von Barclays Global Investors und
Lyxor Asset Management.
[19] Vgl. Deutsche Börse Group (2009): Inflation? Die beste Gegen-Strategie, S. 7.

3. Fazit

Das Streben der Anleger nach möglichst hohem Ertrag bei möglichst geringem Risiko ist ungebrochen. Dabei rückt der Sicherheitsaspekt bei den Anlegern auch wieder verstärkt in den Focus. In der jüngsten Vergangenheit wurde den Investoren durch die Finanzmarktkrise verbunden mit Crash-Szenarien und steigenden Volatilitäten an den internationalen Finanzmärkten wieder vor Augen geführt, dass die richtige Auswahl der Assets entscheidenden Einfluss auf die Risiko- und Ertragslage eines Portfolios hat.

Dass mit passiven Anlagestrategien ein ausgewogenes Ertrags-Risiko-Verhältnis erreichbar ist, hat die Praxis in der Vergangenheit bewiesen. Durchgeführte Studien sowie der Erfolg der Anleger mit Produkten, die auf passiven Anlagestrategien basieren, belegen dies.

Umsatzstatistiken und Erhebungen über das verwaltete Vermögen belegen, dass Exchange Traded Funds hierbei eine immer bedeutendere Rolle einnehmen. Steigende Geldvermögen werden dafür sorgen, dass sich dieser Trend auch in der nächsten Zukunft fortsetzen wird.

Dies führt dazu, dass immer mehr Emittenten mit immer mehr und immer komplexeren Produkten auf dem Markt als Anbieter auftreten. Für Investoren wird dadurch der Markt unübersichtlicher. Darüber hinaus ist zu befürchten, dass sich die Qualität der Produkte dadurch nicht verbessern wird. Es bleibt daher zu hoffen, dass sich unabhängige Institutionen verstärkt auch der Qualitätssicherung von ETFs annehmen werden.

Aus der Betrachtung wesentlicher Aspekte von Exchange Traded Funds heraus kann zusammenfassend die Eignung von ETFs als Produkt festgestellt werden, um derzeit dem Wunsch der Anleger und Investoren nach einem ausgewogenen Ertrags-Risiko-Verhältnis zu entsprechen.

Literaturverzeichnis

Commerzbank AG (2009):

ComStage ETFs, Produktinformation Privatkunden, Frankfurt am Main 2009

Deutsche Börse AG (2007):

Börse von A bis Z, Frankfurt am Main 2007

Deutsche Börse AG (2008):

Xetra: Die führende Handelsplattform für ETFs in Europa, Frankfurt am Main 2008

Deutsche Börse Group (2009):

Inflation? Die beste Gegen-Strategie, in: Focus Money (Hrsg.), ETF Magazin – Die neue Generation der Geldanlage, Focus Magazin Verlag, Ausgabe 04, München 2009

Dieckmann, Raimar (2008):

Exchange Traded Funds: Hohes Wachstumspotenzial dank innovativer ETF-Strukturen, Deutsche Bank Research, EU-Monitor Nr. 55, Frankfurt am Main 2008

Etterer, Alexander/Wambach, Martin (2009):

ETF-Handbuch, Deutsche Börse AG (Hrsg.) in Kooperation mit Rödl & Partner, Frankfurt am Main 2009

Feri EuroRating Services (2009):

Top-Ratings für ETFs von Barclays Global Investors und Lyxor Asset Management, Pressemitteilung, Bad Homburg 2009

Garz, Hendrik/Günther, Stefan/Moriabadi, Cyrus (2006):

Portfolio-Management, Theorie und Anwendung, 4. überarbeitete Auflage, Frankfurt School Verlag, Frankfurt am Main 2006

Simonis, Daniel (2007):

Exchange Traded Funds - Status quo und Zukunftsperspektiven in
Deutschland, Grin Verlag, München 2007

Steinbeis Research Center for Financial Services (2008):

Exchange Traded Funds: Potentiale und Produktdesign für institutionelle Investoren, München 2008